A. BONIFACE.

TRAITÉ D'ORTHOGRAPHE
ABSOLUE, DITE D'USAGE.

TRAITÉ

D'ORTHOGRAPHE ABSOLUE,

DITE D'USAGE.

TRAITÉ

D'ORTHOGRAPHE ABSOLUE,

DITE D'USAGE,

ENSEIGNÉE PAR DES RÈGLES FONDÉES SUR LA RAISON
ET L'ANALOGIE, ET COMPRENANT LA PLUPART DES
MOTS USUELS DE LA LANGUE FRANÇAISE ;

PAR A. BONIFACE,

ANCIEN MAITRE DE PENSION A PARIS.

DEUXIÈME ÉDITION.

PARIS.

IMPRIMERIE ET LIBRAIRIE CLASSIQUES

DE JULES DELALAIN ET Cⁱᵉ,

FILS ET SUCCESSEURS D'AUGUSTE DELALAIN,

RUE DES MATHURINS-ST-JACQUES, N° 5, PRÈS LA SORBONNE.

M DCCC XXXIX.

Tout contrefacteur ou débitant de contrefaçon de cet Ouvrage sera poursuivi conformément aux lois.

Toutes nos Éditions sont revêtues de notre griffe.

Jules Delalain et Cie

AVERTISSEMENT.

Quoique la plupart des grammaires se taisent sur l'orthographe des mots considérés isolément, il n'en existe pas moins, à cet égard, des règles certaines, émises depuis plus de deux siècles par des grammairiens observateurs, et fondées généralement sur la raison et l'analogie.

C'est ce que j'ai démontré dans mon Manuel des Amateurs de la Langue Française, où j'ai aussi prouvé que presque toutes les remarques orthographiques données comme nouvelles par M. Pain, se retrouvent disséminées dans les divers ouvrages de ces grammairiens; ce qui n'ôte pas à cet orthographiste le mérite réel de les avoir réunies et présentées dans un corps de doctrine, avec tous les développements dont elles étaient susceptibles.

Sentant depuis longtemps la nécessité d'un tel travail, je me suis spécialement occupé de cette partie de l'orthographe; aux observations de mes prédécesseurs, à qui je rends un juste hommage, j'ai joint celles que j'ai faites moi-même pendant plus de dix années de recherches et d'enseignement, et j'ai composé un traité complet et raisonné d'Orthographe usuelle, où la plupart des mots français sont soumis à des règles incontestables, et généralement sujettes à peu d'exceptions. Cet ouvrage important est terminé depuis plusieurs années ; mais, son étendue le faisant sortir du rang des livres classiques élémentaires, j'ai cru devoir en faire un abrégé, qui en contient les principales règles et surtout celles qui ont le moins d'exceptions.

La connaissance de ces règles conduira nécessairement à celle de l'orthographe de plus de douze mille mots usuels, si toutefois on en fait une application fréquente ; car, dans ce cas, comme dans tout autre, on n'obtient de véritable succès que par la pratique.

TRAITÉ

D'ORTHOGRAPHE ABSOLUE,

DITE D'USAGE.

NOTIONS PRÉLIMINAIRES.

1. L'ART qui nous enseigne à écrire correctement tous les mots d'une langue, considérés soit isolément, comme les donne le dictionnaire, soit relativement, comme l'indique la grammaire, est l'ORTHOGRAPHE, qui, comme art, serait mieux appelée *orthographie*, puisqu'on dit, *calligraphie*, *géographie*, etc.

2. Si l'orthographe était conforme à la prononciation, elle ne présenterait pas les mêmes difficultés. Pour savoir l'orthographe, il suffirait, comme en italien, de connaître les caractères de l'alphabet; mais il en est bien autrement de notre langue : le même son est représenté par des caractères différents, comme dans an*ge*, em*porter*, en*lever*, han*ter*, etc.

3. Nous avons cependant beaucoup de mots régulièrement écrits, comme *arbre*, *orme*, *bouton*, etc. Ce sont ceux-là, dont l'orthographe est régulière, qu'on peut d'abord dicter aux enfants, après cependant leur avoir fait connaître les éléments des mots qu'ils doivent écrire.

4. Quant à *l'orthographe irrégulière*, du moins relativement à la précédente, nous la soumet-

trons à des règles qui la rendront *orthographe de principes*.

5. Dans cette phrase : *les* an*fents plœuraient*, il y a trois fautes d'orthographe ; mais elles ne sont point contre la grammaire, puisqu'il n'existe aucune règle grammaticale qui en indique la correction.

6. Il y a donc deux sortes d'orthographe, l'une qui est celle des mots tels que le dictionnaire les donne, et qu'on appelle ordinairement *orthographe d'usage ;* l'autre que font connaître certaines règles de grammaire, et qu'on appelle pour cette raison *orthographe de principes*.

7. Comme il est reconnu que la première de ces deux orthographes n'est pas plus arbitraire que la seconde, il vaut mieux l'appeler *orthographe absolue*, parce que c'est la manière d'écrire les mots *absolument*, c'est-à-dire *seuls*, *isolés*, tels qu'ils sont dans le dictionnaire ; alors la seconde prendra naturellement le nom d'*orthographe relative*, puisque c'est la manière d'écrire les mots selon la *relation* ou le *rapport* qu'ils ont dans le discours, abstraction faite de la forme qui leur est propre.

8. On entend généralement par *son* ou *voix* une émission d'air vocal, rendue sonore et pouvant être plus ou moins prolongée, comme *a*, *è*, *é*, *i*, *o*, etc.

9. Pour représenter ces sons dans la langue écrite, on emploie des caractères appelés *voylles*.

10. La langue française a douze sons pleins

représentés généralement par les douze caractères suivants :

a, è, é, i, o, u.

an, in, on, un, eu, ou.

Elle a de plus un son faible appelé *e* muet,
toujours représenté par le caractère *e.*

Le caractère *y* représente ou le son *i*, comme
dans *style*, ou deux *i*, comme dans *royal.*

11. La plupart des grammairiens ne recon-
naissent que cinq voyelles : *a, é, i, o, u*, et
cependant il doit y en avoir autant que de voix,
d'où nous admettrons treize voyelles : sept simples, *a, è, é, e, i* ou *y, u*, et six composées,
an, in, on, un, eu, ou.

12. Les voyelles *an, in, on, un*, sont nom-
mées voyelles *nasales*, parce qu'elles se prononcent un peu du nez.

13. Dans les mots *mal, mol*, les sons *a, o* ne
se prononcent pas comme dans *mâle, môle;*
cette différence dans la prononciation des sons
les a fait diviser en *brefs* et en *longs*, ou en *aigus*
et en *graves*, d'où l'on dit que l'*a* est bref ou
aigu dans *mal*, et long ou grave dans *mâle.*

14. L'*e* est dit grave ou long dans *fête*, aigu
ou fermé dans *fétu*, moyen dans *fer, frère*, muet
dans *ferons*, et nul dans *mangeons.*

15. Quand on prononce *ba* et *ab*, le son *a* est
modifié par un certain mouvement des lèvres ;
dans *ta* et *at*, il l'est par l'action de la langue
contre les dents, et par celle du même organe
contre le palais dans *la, ra, cha, ja.*

16. Cette espèce de modification du son est appelée *articulation*, et le son est alors dit *articulé*.

17. Le caractère qui représente l'articulation s'appelle généralement *consonne*, mot qui signifie *sonnant avec*, et en effet la consonne ne peut *sonner* ou se prononcer distinctement qu'avec le secours d'une voyelle.

18. On reconnaît dix-huit articulations simples, qu'on entend à la fin des mots suivants :

Rob, *roc*, *sud*, *vif*, *zig-zag*, *sage*, *mal*, *Sem*, *amen*, *cap*, *car*, *as*, *mat*, *cave*, *gaz*;

Báille, *bagne*, *bache*;

et un signe d'aspiration *h*, qu'on entend au commencement de h*ache*. Ce signe est généralement mis au nombre de ceux qui représentent des articulations.

L'articulation *ill* dans b*á*ille est communément nommée *l* mouillée.

19. Les articulations doubles sont représentées par deux consonnes, br*in*, cl*ou*, st*ore*, etc., à l'exception de *cs* qu'on exprime généralement pax *x*, caractère qui paraît être composé des deux précédents ; ce même signe représente toujours la double articulation *gz*, comme dans *exil*, *exemple*, etc.

20. Comme il n'y a que dix-neuf articulations simples, il ne devrait y avoir que dix-neuf consonnes : nous en avons à la vérité dix-neuf; mais trois représentent la même articulation, ce

sont *c*, *k*, *q*; et une représente une articulation double, c'est l'*x*.

21. Voici quelles sont ces consonnes : *b*, *c*, *d*, *f*, *g*, *h*, *j*, *k*, *l*, *m*, *n*, *p*, *q*, *r*, *s*, *t*, *v*, *x*, *z*.

De sorte que les articulations simples, *ch*, *gn*, *ill*, qui ne sont pas dans l'alphabet ordinaire, ne sont pas représentées par des signes simples.

22. La lettre *h* est dite aspirée dans *le hameau*, *la harpe*, *je hais*, etc., et muette ou nulle dans *l'habit*, *l'honneur*, *j'hésite*.

23. L'aspiration pouvant être regardée comme une modification du son, le signe *h* qui la représente est mis au nombre des consonnes.

24. L'assemblage des voyelles et des consonnes forme ce qu'on appelle l'*alphabet*.

25. Le véritable alphabet complet de la langue française, est composé de trente-quatre caractères :

Treize voyelles	{ Sept simples, *a*, *é*, *è*, *e*, *i* ou *y*, *o*, *u*.
	{ Six composées, *an*, *in*, *on*, *un*, *eu*, *ou*.
Vingt-deux consonnes	{ Dix-huit simples, *b*, *c*, *q*, *k*, *d*, *f*, *g*. *h*, *j*, *l*, *m*, *n*, *p*, *r*, *s*, *t*, *v*, *z*.
	{ Trois composées, *ch*, *gn*, *ill*.

26. L'alphabet ordinaire ne contient que vingt-cinq caractères : *a*, *b*, *c*, *d*, *e*, *f*, *g*, *h*, *i*, *j*, *k*, *l*, *m*, *n*, *o*, *p*, *q*, *r*, *s*, *t*, *u*, *v*, *x*, *y*, *z*.

27. Dans les mots *lui*, *loi*, *loin*, *lieu*, on entend deux sons distincts en une seule émission de voix ; c'est cette réunion intime de deux sons distincts qu'on appelle *diphthongue*.

28. Quelques grammairiens considèrent aussi *ou*, *eau*, *ain*, *eun*, comme des diphthongues; mais c'est à tort, puisque chacun de ces signes ne fait entendre qu'un seul son; ce sont des voyelles composées.

29. Dans le mot *ami* il y a trois lettres qui se prononcent en deux temps, en deux émissions de voix; chaque temps présente ce qu'on appelle une *syllabe* : dans *mi* il n'y a qu'une syllabe, dans *ami* il y en a deux, trois dans *amitié*, quatre dans *inimitié*, et cinq dans *amicalement*.

30. La syllabe est donc composée d'une ou de plusieurs lettres qui se prononcent en une seule émission de voix.

31. Un mot d'une syllabe est un *monosyllabe*, celui de deux syllabes est appelé *dissyllabe*; celui de trois syllabes, *trissyllabe*; et, en général, on nomme *polysyllabes* les mots de plus d'une syllabe.

32. Du mot *bon* dérivent les mots *bonté, bonifier, bonnement*, etc. Considérés sous ce rapport, *bon* est appelé MOT PRIMITIF OU RADICAL, et *bonté, bonifier, bonnement*, MOTS DÉRIVÉS.

33. De l'adjectif *bon* et de l'ancien substantif *heur*, se compose *bonheur* en un seul mot; et du même adjectif et d'autres substantifs se composent *bon-homme, bon-mot*, en deux mots. *Bonheur* et *bon-homme* sont appelés MOTS COMPOSÉS.

34. Un mot primitif, ses dérivés et ses composés forment ce qu'on appelle une FAMILLE de mots.

Voici la famille de GRAND :

Grand
{
Grande. . . . . . . grandement.

Grandir. . . . . . agrandir. . . { Ragrandir.
Agrandissement.
Ragrandissement.

Grandeur.
Grandiose.
Grand'mère, etc.
Grand-maître, etc.
}

On voit entre ces mots un double rapport de *sens* et de *forme*, un certain caractère de filiation ou de parenté ; de là le nom de *famille* sous lequel on les comprend.

35. Pour que deux ou plusieurs mots soient de la même famille, il est essentiel qu'il y ait entre eux un double rapport de sens et de forme, un rapport idéologique et un rapport graphique ; par exemple, les mots *lion*, *lionne*, *lionceau*, sont de la même famille ; mais les mots *cerf*, *biche* et *faon*, n'ayant qu'un rapport de sens, ne forment point une famille.

36. Dans une famille de mots, le sens et la forme sont souvent altérés ; par exemple, *bure* et *bureau* sont de la même famille, quoique ces mots paraissent n'avoir aucun rapport de sens ; *contagion* et *intègre* sont aussi de la même famille, malgré la différence de leur forme. Dans ce cas, il faut s'en rapporter à l'étymologie [1], qui nous fait connaître l'origine des mots.

---

[1] Cette science est inconnue à certains orthographistes qui font dériver *scélérat* d'*obscur*, *baudet* d'*âne*, ou, ce qui est la même chose, disent que *scélérat* s'écrit par *sc* et *baudet* par *a*, parce qu'on retrouve ces lettres dans *obscur* et *âne*.

37. La principale règle d'orthographe, celle qui, après les *règles générales*, comprend le plus de mots, est celle de *famille* ou de *dérivation*, qui nous enseigne à conserver, autant qu'il est possible, dans les mots de même famille certaines lettres, quoiqu'elles y soient nulles ou s'y prononcent autrement; ainsi l'on écrit : *sucer*, à cause de *suc, pain*, à cause de *panade; faim* (besoin), à cause de *famine, lourd* à cause de *lourde*, etc. ¹. Cette règle comprend environ cinq ou six mille mots, et n'a pas deux cents exceptions.

38. De *hacher* on forme *hachis*, par le changement de *er* en *is;* les substantifs *lavis, semis, coulis* sont de même formés de verbes en *er;* la règle relative à ces mots est appelée *règle de transformation.*

39. Souvent la manière de représenter un son ou une articulation dépend de la place qu'il occupe. Les règles relatives à cette orthographe sont appelées *règles de localité;* ainsi l'on écrit *bombe, pompe* avec *om*, par raison de localité.

40. Il y a dans les mots des traits caractéristiques qui font reconnaître à quelle classe ils appartiennent; par exemple, les substantifs féminins sont généralement terminés par un *e* muet. Ces sortes de mots sont dits *analogues* et les règles qui y sont relatives sont des *règles d'analogie.*

---

¹ Il y a des familles très-étendues : celle qui a pour chef la lettre T, réveillant l'idée de frappement, a cent soixante individus.

41. La plupart des règles sur l'orthographe absolue rentrent dans cinq classes : les *règles générales*, celles de *famille* ou de *dérivation*, celles de *transformation*, celles de *localité*, et enfin celles d'*analogie*.

On verra que, parmi ces règles, il y en a qui sont plus obligatoires que les autres, et devant lesquelles celles-ci se taisent ; ainsi, par une règle de localité, on devrait écrire *venger* comme *ranger;* mais la règle de transformation relative à ce mot exige qu'on l'écrive par *en*. La règle générale cède ordinairement au vœu de chacune des autres.

RÈGLES

DE FAMILLE OU DE DÉRIVATION.

On écrit *pain* (nourriture) par *ain*, quoique l'*a* soit inutile pour la prononciation de ce mot; mais on l'entend dans *panetier*, *panade*, mots de la même famille (37), et c'est pour cela qu'on le conserve dans *pain*.

La même raison de famille fait écrire *rein*, par *ein*, à cause de *rénal*; *vendre* par *en*, à cause de *vénal*; *plomb* par *b*, à cause de *plomber*.

Outre les signes exigés par la prononciation, un mot a donc quelquefois un signe étymologique, un signe caractéristique de sa filiation ou parenté avec d'autres mots.

La règle de famille ou de dérivation nous fait donc employer, dans certains mots, des signes indiquant à quelle famille ils appartiennent.

Supprimer ces signes pour simplifier l'orthographe, comme l'ont fait plusieurs grammairiens, c'est dénaturer la langue écrite, et y introduire autant d'équivoques que dans la langue parlée [1].

C'est en raison de la même règle de famille qu'on écrit :

par *ain*, *main* (*manier*), *vain* (*vanité*), *saint* (*sanctifier*);

par *aim*, *faim* (*famine*);

[1] Si l'orthographe de notre langue était conforme à la prononciation, un habitant du midi de la France ne pourrait correspondre avec un Breton ou un Flamand.

par *ai*, *paire* (*pareil*), *faire* (*façon*) ;

par *en*, *rendre* (*reddition*) ;

par *ein*, *frein* (*effréné*), *serein* (*sérénité*) ;

par *em*, *femme* (*féminin*) ;

par *om*, *nom* (*nommer*) ;

par *c*, *sucer* (*suc*), *capuce* (*capuchon*) ;

par *s*, *permission* (*permis*) ;

par *t*, *partial* (*parti*) ;

et un grand nombre d'autres mots analogues.

La dérivation indique aussi beaucoup de consonnes médiales et surtout de finales qui sont nulles pour l'oreille ;

Comme dans *baptême* (*baptismal*), *corps* (*corporel*), *prompt* (*impromptu*), etc.

Blanc (*blanche*), *camp* (*camper*), *gant* (*ganter*), *gland* (*glande*), *sang* (*sanguin*), *sens* (*sensé*), etc.

Quant à la finale des adjectifs masculins, c'est le féminin, de préférence à tout autre dérivé, qu'il faut consulter, et en général c'est le dérivé le plus prochain qui fait loi ; ainsi l'on écrira *nu* à cause de *nue*, quoiqu'on ait *nudité* ; *mari* à cause de *marier*, quoiqu'on ait *marital* ; *roman* à cause de *romanesque*, quoiqu'on ait *romantique* ; *clou*, à cause de *clouer*, quoiqu'on ait *cloutier*, etc.

Cette règle de famille, à laquelle sont soumis plusieurs milliers de mots, est sujette aux exceptions suivantes :

1°. Au commencement des mots :

Or (*auréole*), *oreille* (*auriculaire*).

2°. Dans le corps des mots :

Bracelet (*bras*), *cicatrice* (*cicatriser*), *cintre* (*ceindre*), *dessiller* (*cil*), *essence* (*essentiel*), *frère* (*fraternel*), *mars* (*martial*), *mère* (*maternel*), *nourrice* (*nourrisson*), *père* (*paternel*), *peindre* (*pinceau*), *saler* (*sel*), *souricière* (*souris*), *vaincre* (*invincible*), *se vautrer* (*veau*), *vent* (*vantail*), et sans doute quelques autres.

3°. A la fin des mots :

Abri,	*Abriter*.	*Ecu*,	*Ecusson*.
Absous[1],	*Absoute*.	*Elan*,	*Elancer*.
Apostat,	*Apostasie*.	*Entrepôt*,	*Entreposer*.
Appétit,	*Appétissant*.	*Epoux*,	*Epouse*.
Bigarreau,	*Bigarreautier*.	*Etain* métal,	*Etamer*.
Bijou,	*Bijoutier*.	*Examen*,	*Examiner*.
Boyau,	*Boyaudier*.	*Faisan*,	*Faisander*.
Brelan,	*Brelander*.	*Faix*,	*Faisceau*.
Butor,	*Butorde*.	*Faux*,	*Fausse*.
Cacao,	*Cacaotier*.	*Favori*,	*Favorite*.
Caillou,	*Cailloutage*.	*Filou*,	*Filouter*.
Chevreau,	*Chevroter*.	*Folio*,	*Folioter*.
Choix,	*Choisir*.	*Fourmi*,	*Fourmilière*.
Clou,	*Cloutier*.	*Frais*,	*Fraîche*.
Coco,	*Cocotier*.	*Genou*,	*S'agenouiller*.
Coi tranquille.	*Coite*.	*Glouglou*,	*Glouglouter*.
Coin,	*Encoignure*.	*Glu*,	*Gluten*.
Coma maladie.	*Comateux*.	*Habit*,	*Habiller*.
Corps,	*Corpulence*[2].	*Héros*,	*Héroïne*.
Courroux,	*Courroucer*.	*Heureux*,	*Heureuse*[5].
Cours[3],	*Courir*.	*Horizon*,	*Horizontal*.
Croix,	*Croisade*.	*Houx*,	*Houssine*.
Daim,	*Daine*.	*Impôt*,	*Imposer*.
Décès,	*Décéder*.	*Indigo*,	*Indigotier*.
Dépôt,	*Déposer*.	*Intérêt*,	*Intéresser*.
Dissous[4],	*Dissoute*.	*Jaloux*.	*Jalouse*.
Domino,	*Dominotier*.	*Jus*,	*Juteux*.
Doux,	*Douce*.	*Loin*,	*Lointain*.

1 On écrit aussi *absout*.
2 On entend l's dans *corpuscule*.
3 Et ses composés, *concours, discours, recours, secours*.
4 On écrit aussi *dissout*.
5 Et autres adjectifs en *eux*.

Marais,	Maraîcher.	Sein,	Insinuer.
Nécromant,	Nécromancie.	Seing,	Signature.
Noix,	Noisette.	Sirop,	Siroter.
Numéro,	Numéroter.	Soin,	Soigner.
Oing [6],	Oindre.	Souris, s. m.	Sourire.
Paix,	Paisible.	Souris, s. f.	Souriceau.
Pied [7],	Piéton.	Suppôt.	Supposer.
Plafond [8],	Plafonner.	Tabac,	Tabatière.
Poix,	Poisser.	Talus,	Taluter.
Poulain,	Pouliner.	Témoin,	Témoigner.
Prix,	Priser.	Temps,	Tempête.
Puits,	Puiser.	Têt,	Tesson.
Rein,	Ereinter.	Tiers,	Tierce.
Relais,	Relayer.	Toux,	Tousser.
Renfort,	Renforcer.	Velours,	Velouté.
Repas,	Pâture.	Verjus,	Verjuté.
Rets,	Réseau.	Verrou,	Verrouiller.
Ris,	Rire [9].	Venin,	Venimeux.
Roux,	Rousse.	Voix,	Voyelle.
Sacristain,	Sacristine.		

6 On entend le g dans oignement.

7 On entend le d dans pédale.

8 Ce mot est une altération de plat-fond.

9 On entend l's dans risée.

RÈGLES SUR LES SONS.

SON *A*.

RÈGLE 1. *L'assassin commet l'assassinat*[1].

Le son *a* bref final s'écrit par *at* dans les mots où ce son est une finale ajoutée; excepté *nota*, qu'on pourrait croire dérivé de *note*.

La dérivation exige une *s* dans *bas*, *fracas*, *gras*, *las*, *pas*; un *t* dans *ingrat*, *rabat*, *sabbat*, *soldat*, etc.; *ât* dans *appât* (*pâture*), *dégât*, (*gâter*), *mât*; *ac* dans *estomac* (*stomacal*), *tabac*; *ap* dans *drap* (*drapier*).

SON *È*.

RÈGLE 2. *Le complément complète*.

Le son *è* médial s'écrit par *é*, lorsque dans un dérivé on retrouve un *é* aigu à la même place.

EXCEPTÉ :

Cancer (*cancéreux*), *cher* (*chérir*), *ferrer* (*férule*), *sujette* (*sujétion*), *ver* (*véreux*).

On écrit *tutelle* ou *tutèle*, ce dernier est préférable à cause de *tutélaire*.

---

1 Chaque règle est précédée de quelques mots qui servent à la rappeler.

RÈGLE 3. *Respectez la vertu.*

Le son *è* ne terminant pas une syllabe s'écrit par *e*.

EXCEPTÉ :

1. *Air, baisser, caisse, chair, clair, faisceau, graisse, naissance, pair* de France, *vaisseau ;* par raison de dérivation, *aérer, bas, cassette, charnu, clarté, fascine, gras, natal, pareil, vase.*

2. *Affaisser, faix ; laisser, aisselle.*

RÈGLE 4. *Essayez le crayon.*

Le son *è* avant *y* se rend par *a*.

EXCEPTÉ :

Asseyant, grasseyer, à cause de *séant, grasse.*

RÈGLE 5. *On dédaigne l'araignée.*

Le son *è* avant *gn* s'écrit par *ai*.

EXCEPTÉ :

1. *Duègne, règne,* à cause de *régner* (règle 2).

2. *Beignet, empeigne, enseigner, peigne, seigneur, teigne,* et les dérivés des verbes en *eindre.*

RÈGLE 6. *Maison paisible et aisée.*

Le son *è* avant l'articulation *z* s'écrit par *ai.*

EXCEPTÉ :

1. *Alèze*, *manganèse*, *mélèze*, *parenthèse*, *thèse*, *trapèze*.

2. *Dièse*, *diocèse*, *genèse*, *pèse*, à cause de *dièser*, *diocésain*, *génération*, *peser* (règle 2).

3. *Seize*, *treize*.

RÈGLE 7. *Le furet et la laie.*

Le son *è* final s'écrit par *et* dans les substantifs masculins, et par *aie* dans les substantifs féminins.

EXCEPTÉ :

Pour les substantifs masculins : .

1. *Benêt*, *têt* de pot, et *apprêt*, *arrêt*, *genêt*, *prêt*, *protêt*, à cause de *apprêter*, *arrestation*, *genestrale*, *prestation*, *protester*.

2. *Mets* (pour manger), *rêts* (filet).

3. *Balai*, *délai*, *essai*, *geai* (oiseau), *mai* (mois), *minerai*, à cause de *balayer*, *essayer*, *minéral*, etc.

4. *Fait* et *trait*, ainsi que leurs composés, *bienfait*, *extrait*, etc., à cause de *façon*, *tracer*; *lait*, à cause de *lactée*.

5. *Abcès*, *agrès*, *congrès*, *cyprès*, *décès*; et *accès*, *excès*, *grès*, *procès*, *progrès*, *succès*, à cause de *accessible*, *excessif*, *gresserie*, *processif*, *progressif*, *successif*.

6. *Dadais*, *dais*, *frais*, *harnais*, *jais* (pierre), *laquais*, *liais* (pierre), *marais*, *palais* (bâtiment, partie de la bouche), *panais*, *rais* d'une roue, *relais*, et les mots où *ais* est exigé par

la dérivation, tels que *biais*, *niais*, *rabais*, etc. (*biaiser*, *niaiser*)

7. *Bey*, *dey* (dignités), *jockey*.

8. *Faix* (fardeau), *legs* (dont on entend le g dans *léguer*), *souhait*.

Pour les substantifs féminins :

Forét, à cause de *forestier; paix*, à cause de *paisible*, *pacifier*.

RÈGLE 8. *Corsaire*, *libraire*.

Les substantifs masculins en *ère* représentant des personnes, s'écrivent par *aire*.

EXCEPTÉ :

Clerc d'avoué, *pair* de France, *frater*, *frère*, *magister*, *père*, pauvre *hère*.

RÈGLE 9. *Un roi populaire et débonnaire.*

Les adjectifs masculins en *ère* s'écrivent par *aire*.

EXCEPTÉ :

1. *Amer*, *cher*, *clair*, *fier*, *pair*.

2. *Baptistère*, *délétère*, *pubère*, et ceux qui rentrent dans la deuxième règle, tels que *adultère*, *austère*, *éphémère*, *prospère*, *sévère*, à cause de *adultérin*, *austérité*, etc.

3. Les adjectifs en *fère* : *fructifère*, *somnifère*, etc.

4. Les adjectifs où la dérivation exige une consonne finale: *divers* (*diverse*), *expert* (*expertise*), *pervers* (*perverse*), *vert* (*verte*), etc.

Règle 10. *La panthère et le dromadaire.*

La finale *ère* s'écrit par *ère* dans les substantifs féminins et par *aire* dans les substantifs masculins.

EXCEPTÉ :

Pour les substantifs féminins :

1. *Chair*, *cuiller*, *équerre*, *erre* (d'errer), *guerre*, *mer*, *pierre*, *serre*, *terre*.

2. Les mots où *aire* est exigé par la dérivation : *aire* (*aréole*), *chaire* (cathédrale), *glaire* (*clarifier*), *grammaire* (*grammatical*), *paire* (*pareil*), et dans *pariétaire* et autres noms de plantes ; excepté : *scorsonère* et *primevère*.

Pour les substantifs masculins :

1. *Auster* (vent), *belvéder*, *cancer*, *éclair*, *enfer*, *éther*, *fer*, *hiver*, *pater*, *spencer*, *ver* (animal).
2. *Cimeterre*, *lierre*, *tonnerre*, *verre* (à boire).
3. *Cimetière*, *cratère*, *monastère*, *stère*, *viscère*, et les mots qui rentrent dans la deuxième règle.
4. Les mots où la dérivation exige une consonne finale : *désert* (*déserter*), *univers* (*universel*), etc.

SON É.

Règle 11. *Plancher, verger, sentier, oreiller, loyer.*

Les substantifs masculins terminés en *ché*, *gé*, *ié*, *illé*, *yé*, prennent un *r* final.

EXCEPTÉ :

1. *Clergé, congé, préjugé.*

2. *Duché, éoéché, marché, péché.*

3. *Biez* canal pour un moulin), *pied.*

4. Les adjectifs en *é* pris substantivement , *un abrégé , un écorché , un employé , un marié*, etc. , c'est-à-dire *un livre abrégé , un homme écorché*, etc.

RÈGLE 12. *Café de chicorée.*

Le son *é* final des substantifs masculins s'écrit par *é*, et des substantifs féminins par *ée.*

EXCEPTÉ:

Pour les substantifs masculins :

1. *Apogée, athée, caducée, camée, coryphée, élisée, empirée, hyménée, lycée, mausolée, musée, périgée, protée, pygmée, scarabée, trophée*, et quelques autres.

2. *Nez , quai*, et les substantifs en *er* qui rentrent dans la règle 11.

Pour les substantifs féminins :

1. *Clef.*

2. Les substantifs en *té, cavité, cité, clarté*, etc., et ceux en *tié, amitié, moitié, pitié*, etc. Excepté : 1°. *Dentée, pâtée*, et les adjectifs féminins pris substantivement, comme *dictée, montée, portée.* 2°. *Assiettée, pelletée*, et autres substantifs exprimant une idée de contenance, de plénitude.

SON *I*.

RÈGLE 13. *Le cri de la pie.*

Le son *i* final s'écrit par *i* dans les substantifs masculins, et par *ie* dans les substantifs féminins.

EXCEPTÉ :

Pour les substantifs masculins :

1. *Aphélie, génie, impie, incendie, Messie, parapluie, Pavie, périhélie, silésie* (drap).

2. *Crucifix* (à cause de *fixé*), *prix.*

3. *Muid, nid* (à cause de *nidoreux*).

4. *Arsenic,* on prononce le *c*, *cric* (machine); *arsenic, arc* (machine), on prononce aussi le *c.*

5. *Chenil, coutil, fenil, fournil, nombril,* et autres mots où l'*l* est exigé par la dérivation, *baril, fusil, outil,* etc. (*barillet, fusiller,* etc.).

6. *Acabit, appétit, bandit, conflit, conscrit, délit, habit, répit, rescrit,* et autres mots où le *t* est exigé par la dérivation : *biscuit* (*cuit*), *esprit* (*spirituel*), *lit* (*alité*).

7. *Puits.*

8. *Riz* (plante).

9. *Jury, tilbury.*

Pour les substantifs féminins :

Brebis, fourmi, lady, merci, nuit (*nuitamment*), *perdrix, souris.*

Règle 14. *Tapis, gâchis.*

Les substantifs masculins en *i* s'écrivent par *is* :
1°. Lorsque la dérivation l'exige : *avis, tapis, vernis.* 2°. Lorsqu'on peut changer *is* en *ant* : *abatis, abattant, semis, semant.* 3°. Dans *cambouis, châssis, chènevis, chervis, cochevis, panaris, paradis, parvis, radis, rossolis, rubis, salmigondis, salmis, salsifis, taudis, torticolis.*

Règle 15. *Pays ennuyeux.*

Au lieu de deux *i* après une voyelle, on met un *y*.

SON O.

Règle 16. *Le coquelicot, l'escargot, le mulot.*

Le son *o* final, après *c, g, l,* s'écrit par *ot.*

EXCEPTÉ :

1. *Clos, enclos,* à cause de *close ; bouleau, rouleau, tableau, tuileau,* à cause de *rouler, table, tuile ; moricaud, nigaud, salaud, saligaud, trigaud,* à cause de *moricaude, nigaude,* etc.

2. *Boucaut, cabillaud* (poisson), *coco, coquerico, écho* (retentissement), *embargo, glaux* (herbe), *à gogo, indigo, pilau* (riz cuit), *populo, quiproquo, solo, vertigo, virago.*

RÈGLE 17. *Le fardeau du chameau.*

Le son *o* final des substantifs se rend généralement par *eau*. L'*e* est souvent exigé par la dérivation : *chameau*, *chamelier*.

EXCEPTÉ :

1. *Dos*, *galop*, *marmot*, *réchaud*, *saut*, et
d'autres substantifs où la dérivation exige une
autre finale : *dossier*, *galoper*, *marmotter*,
chaude, *sauter*.

2. Les mots en *ot* compris dans la règle précédente.

3. *Bardot* (mulet), *bichot*, *canot*, *chabot*, *cha-
riot*, *cuissot*, *escarbot*, *flibot*, *galipot*, *go-
denot*, *impôt*, *loriot*, *minot*, *paquebot*, *pavot*,
pied-bot.

4. *Etau*, *fabliau*, *fléau*, *gluau*, *gruau*, *landau*,
préau, *sarrau*, *aloyau*, *boyau*, *hoyau*, *joyau*,
noyau, *tuyau*.

5. *Artichaut*, *assaut*, *défaut*, *héraut* d'armes,
levraut, *quartaut*, *sursaut*.

6. *Chaux*, *faux*, *taux*.

7. *Chaos*, *campos*, *héros*, *suros* (tumeur).

8. *Bobo*, *concerto*, *domino*, *duo*, *folio*, *lavabo*,
loto, *numéro*, *octavo*, *oratorio*, *piano*, *quasi-
modo*, *recto*, *trio*, *verso*, *zéro*.

SON *U.*

RÈGLE 18. *Le bossu et la tortue.*

Le son *u* final s'écrit par *u* dans les substantifs masculins, et par *ue* dans les substantifs féminins.

EXCEPTÉ :

Pour les substantifs masculins :

1. *Début (débuter), flux (fluxion, pus (pustule),* et autres mots où la dérivation exige une consonne finale.
2. *Jésus, jus, talus, verjus.*
3. *Affût, fût.*

Pour les substantifs féminins :

Bru, glu, tribu, vertu.

RÈGLE 19. *Huissier, humain.*

Le son *u* initial, avant un *i* ou un *m*, s'écrit par *hu.*

SON *AN.*

RÈGLE 20. *L'ennuyeux embarrasse.*

Le son *an* initial s'écrit par *en* ou par *em* avant *b, p, m* [1].

1. L'*e* est exigé soit par l'*i* qui se trouve dans un dérivé : *enfer, infernal ;* soit parce que *en* est une initiale ajoutée :

EXCEPTÉ :

Ambassade, ambe, ambigu, et autres mots en *ambi; amble, ambre, ambulant, amphithéâtre*, et autres mots en *amphi; ample, ampoule, amputer, ancien, anche, anchois, ancre* de vaisseau, *andouille, andouiller, anfractuosité, angar, ange, angine, anglais, angle, angoisse, angora, anguille, ankilose, anse, antagoniste, antarctique, antécédent*, et autres mots en *anté; antenne, anthère, anthologie, anthropophage, anticiper*, et autres mots en *anti; antre* (caverne), et quelques autres peu usités.

On écrira de même les dérivés : *ampoulé, ancêtres, angélique, Angleterre*, etc.

Règle 21. *Prendre, rendre.*

Les verbes en *andre* s'écrivent par *endre*.

EXCEPTÉ :

Epandre et son dérivé *répandre.*

On écrit aussi par *endre* l'adjectif *tendre* et les substantifs *gendre, scolopendre.*

Règle 22. *Le vindicatif se venge.*

Le son *an* s'écrit par *en*, quand, à la même place, dans un dérivé, on retrouve *in : vendange* (*vin*); *enfer* (*infernal*), etc.

---

enlever, emporter (voyez la règle 23); mais comme l'explication de ces derniers mots est assez difficile, nous avons préféré d'énoncer la règle précédente, qui comprend trois cent cinquante mots et qui n'a que trente-sept exceptions.

EXCEPTÉ :

Calandre (*cylindre*), *langue* (*lingual*).

RÈGLE 23. *On plancheye la chambre.*

Le son *an* médial accompagné de *ch* s'écrit par *an*, ou par *am* avant *b* ou *p*.

EXCEPTÉ :

Pervenche et *pencher.*

RÈGLE 24. *Négociant, client.*

Les substantifs en *ian* s'écrivent par *iant*, s'ils dérivent d'un verbe, et par *ient* dans le cas contraire.

EXCEPTÉ :

Expédient, banian, pian (maladie).

RÈGLE 25. *Le monument fut promptement érigé.*

Les substantifs et les adverbes terminés en *man* s'écrivent par *ment*.

EXCEPTÉ :

Aimant, amant, diamant, flammant (oiseau), *roman* (*romanesque*), *doliman, talisman, caï- man, toman* (monnaie de Perse), *maman, trucheman, firman, drogman, iman, bosse- man, normand* (*normande*), *flamand* (*fla- mande*).

Orthographe absolue. 2

RÈGLE 26. *Il est opulent et bienfaisant.*

Les adjectifs en *an* au masculin, et en *ante* en féminin, s'écrivent par *ant* s'ils se composent ou dérivent d'un participe en *ant*, et par *ent* dans le cas contraire.

EXCEPTÉ :

1. *Adhérent, affluent, coïncident, divergent, diffèrent, équivalent, excellent, négligent, précédent, président, résident, violent.*

Ces mots employés comme participes ou verbes, s'écrivent par *ant* : *cet homme différant d'opinion avec nous, ne peut nous convenir.*

2. *Élégant, fringant, suffragant.*

3. *Ambiant, ambulant, appétissant, ascendant, bienveillant, constant, contondant, dirimant, distant, exorbitant, exubérant, fainéant* (à cause de *néant*)*, fébricitant, galant, glutinant, impétrant, instant, lancinant, malveillant, méchant, mécréant, nonchalant, pédant* (*pédagogue*)*, pétulant, pimpant, protubérant, puissant, radiant, savant, sémillant, stagnant, transcendant, vaillant, vigilant.*

Plusieurs de ces adjectifs ou dérivent d'anciens verbes, comme *ambulant, ascendant, constant, impétrant,* etc., ou sont d'anciens participes, comme *mécréant, puissant, vaillant.*

Les substantifs dérivés de ces adjectifs suivent la même orthographe: *distant, distance; opulent, opulence;* excepté : *exigeant, exigence; existant, existence.*

SON *IN*.

RÈGLE **27**. Indien, imberbe et imprudent.

Le son *in* initial s'écrit par *in*, et par *im* avant un *b* ou un *p*; excepté *ainsi*.

RÈGLE **28**. *Mon dessein n'est pas de feindre.*

Le son *in* s'écrit par *ein* :

1°. Dans les verbes en *indre*, après une consonne; excepté : *craindre, contraindre, plaindre.*

Leurs dérivés suivent la même orthographe : *enceinte, peintre, teinture,* etc.; excepté *cintre.*

2°. Dans *dessein* (projet), *frein* (à cause *d'effréné*), *plein* (*plénitude*), *rein* (*rénal*), *sein* (partie du corps), *serein* (*sérénité*). On écrit *seing* (signature).

RÈGLE **29**. *Européen chrétien.*

Le son *in* après *i* et *é* s'écrit par *en.*

Le même son est aussi écrit par *en* dans *agenda, appendice, benjamin, benjoin, effendi, examen, mémento, mentor, pensum, pentagone, spencer.*

RÈGLE **30**. *Cet écrivain a vaincu son dédain pour le gain.*

Le son *in* s'écrit par *ain* :

1°. Dans *vaincre,* et dans les trois verbes en *indre* qui font exception à la règle 28 : *craindre, contraindre, plaindre.*

2°. Dans *airain*, *dédain*, *demain*, *fusain*, *merrain*, *parrain*, *poulain*, *refrain*.

3°. Dans *vain*, *contemporain*, *forain*, *humain*, et autres mots dont le féminin est en *aine*.

4°. Dans *écrivain*, *plantain*, et autres mots où *in* est une finale ajoutée. Excepté : 1° *gratin*, *crottin*, *voiturin*; 2° les diminutifs *galopin*, *corbin*, *gazetin*; 3° *malin*, *sanguin* et autres mots où la dérivation exige *in*.

5°. Dans *bain*, *étain*, *faim*, *gain*, *grain*, *main*, *train*, à cause de *bagne*, *étamer*, *famine*, *gagner*, *granit*, *manier*, *traîner*.

SON *EU*.

RÈGLE 31. *L'œil de bœuf est saillant.*

Le son *eu* s'écrit par *œu* dans *bœuf*, *cœur*, *chœur* de musique, *manœuvre*, *mœurs*, *nœud*, *œuf*, *œuvre*, *sœur*, *vœu*, et par *œ* dans *œil*, *œillet*.

RÈGLE 32. *Il est heureux, elle est heureuse.*

Les adjectifs en *eu* dont le féminin est en *euse* prennent un *x*.

On écrit de même *vieux*.

SON *OU*.

RÈGLE 33. *L'écrou de la roue.*

Le son *ou*, à la fin des substantifs masculins, s'écrit par *ou*, et des substantifs féminins, par *oue*.

EXCEPTÉ :

Pour les substantifs masculins :

1. *Cantaloup, coup (couper)*, *loup*.

2. *Dessous*.

3. *Août (aoûter)*, *atout, bout (bouton)*, *brout (brouter)*, *coût (coûter)*, *dégoût, égout (égoutter)*, *goût (goûter)*, *marabout*, *moût* de vin , *ragoût*, *surtout (tout)*.

4. *Pouls (pulsation)*, *saoûl*.

5. *Courroux, époux, gabeloux, houx;* et *doux*, *jaloux, roux*, adjectifs pris substantivement.

Pour les substantifs féminins :

Toux.

SON *OI.*

RÈGLE 34. *Une voie de bois.*

Le son *oi*, final des substantifs masculins, s'écrit par *ois*, et des substantifs féminins par *oie.*

EXCEPTÉ :

Pour les substantifs masculins :

1. *Aboi*, *roi*, à cause *d'aboyer, royal*. On écrit de même les mots où , dans la dérivation , *o* est suivi d'un *y*.

2. *Aloi, beffroi, désarroi, émoi, palefroi.*

3. *Poids* (pour peser).

4. *Doigt (doigtier, digité).*

5. *Foie* (viscère).

6. *Toit* (*toiture*), et autres mots où le ❡ est exigé par la dérivation.

7. *Surcroît.*

8. *Choix.*

Pour les substantifs féminins :

Croix, foi (croyance), deux *fois, loi, noix, paroi, poix , voix* forte.

SON *E.*

RÈGLE 35. *Le nettoiement des ferremenls.*

La finale *ment* d'un substantif dérivé d'un verbe en *er*, est précédée d'un *e* muet ou nul.

EXCEPTÉ :

Agrément , argument , châtiment.

L'*e* muet est quelquefois remplacé par un accent circonflexe : *dénûment , dénoûment , remercîment ,* etc.

RÈGLE 36. *La fonderie est près de la mairie.*

La finale *rie* n'est précédée d'un *e* muet qu'après une consonne.

EXCEPTÉ :

1. *Crierie , féerie , plaidoierie , soierie , tuerie.*

2. *Idolâtrie, industrie, hypocondrie, latrie, patrie, symétrie ,* et autres mots en *métrie ,* finale signifiant *mesure.*

RÈGLE 37. *La longueur de l'heure.*

Les substantifs féminins en *eur* ne prennent point d'*e* muet final.

EXCEPTÉ :

1. *Demeure , heure.*

2. *Mœurs , sœur.*

3. *Majeure, supérieure ,* et autres adjectifs féminins en *eur* pris substantivement.

RÈGLE 38. *L'honneur flatteur.*

Les substantifs et les adjectifs masculins en *eur* s'écrivent par *eur.*

EXCEPTÉ :

1. *Cœur, chœur.*

2. *Beurre, feurre, leurre.*

3. *Bonheur, malheur.*

RÈGLE 39. *Suffire, suffisant, finir, finissant.*

Les verbes en *ir* ne prennent un *e* muet final que quand, dans la conjugaison, l'*r* est changé en une seule *s.*

EXCEPTÉ :

Bruire , frire , maudire , rire , et les verbes en *crire ,* comme *écrire ,* etc.

RÈGLE 40. *Il faut le voir pour le croire.*

Les verbes en *oir* ne prennent point d'*e* muet final.

EXCEPTÉ :

Boire, croire.

RÈGLE 41. *Le funambule fait la bascule.*

Les substantifs en *ul* prennent un *e* muet final.

EXCEPTÉ :

Calcul, consul.

On écrit : *la bulle, le tulle.*

RÈGLE 42. *Le cheval royal ; la cavale royale.*

Les substantifs et les adjectifs masculins en *al* s'écrivent par *al*, et les féminins par *ale*.

EXCEPTÉ :

Pour les substantifs masculins :

Bubale, cannibale, dédale, intervalle, scandale.

Pour les substantifs féminins :

Dalle, faimvalle, noix de *galle, halle, malle, salle, stalle.*

Pour les adjectifs :

Ovale, sale.

RÈGLE 43. *La victoire mène à la gloire.*

Les substantifs féminins en *oir* prennent un *e* muet final.

RÈGLE 44. *Arrosoir, arrosant, observatoire.*

Les substantifs masculins en *oir* s'écrivent par *oir*, si, par le changement de cette finale en *ant*, on obtient un participe actif ; dans le cas contraire, ils s'écrivent par *oire*.

1. *Aspersoir, drageoir, dortoir, espoir, hoir, loir, ostensoir, soir.*

2. *Compulsoire, consistoire, grimoire.*

RÈGLE 45. *Des récits contradictoires ; des habits noirs.*

Les adjectifs masculins en *oir* prennent un *e* muet final, excepté *noir*.

RÈGLE 46. *Le mercure sert à la dorure.*

Les substantifs en *ur* prennent un *e* muet final.

EXCEPTÉ :

Azur, fémur, futur, mûr, et autres adjectifs en *ur* pris substantivement.

ACCENTS.

RÈGLE 47. *Sévérité.*

La lettre *e* représentant le son *é* à la fin d'une syllabe prend un accent aigu.

Avant un *x* elle ne prend jamais d'accent : *exil, exact*, etc.

RÈGLE 48. *Père sevère.*

La lettre *e* représentant le son *è* moyen, prend, à la fin d'une syllabe, un accent grave.

Avant un *x* elle ne prend jamais d'accent : *sexe, vexer,* etc.

RÈGLE 49. *La modestie est une belle vertu.*

La lettre *e* ne terminant pas une syllabe ne prend l'accent grave que dans *abcès, accès, congrès, cyprès, décès, excès, grès, près, procès, profès, progrès, succès, très.*

RÈGLE 50. *Le voilà déjà à la fin.*

L'*a* ne prend l'accent grave que dans *à* (préposition), *çà* (adverbe), *déjà, de là, deçà, là* (adverbe), *oui-dà, voilà.*

RÈGLE 51. *Pâtre, pasteur; bête, bestial; épître, épistolaire.*

Une voyelle qui représente un son long prend un accent circonflexe, si dans un dérivé elle est suivie d'un *s.*

RÈGLE 52. *Gâche, pâte.*

Le son *a* long avant *ch* et *t* s'écrit par *á.*

On met aussi un accent circonflexe dans *âcre, âge, bâcler, bâfrer, bâiller, blâmer; câble, câlin, câpre, crâne, hâle, râble, râle, râper, renâcler.*

RÈGLE 53. *Un dîner d'huîtres.*

Le son *i* s'écrit par *î* dans *dîner*, *huître*, *abîme* et autres mots compris dans la règle 51.

RÈGLE 54. *Le prêtre prêche.*

Le son *è* long avant *t* et *ch* s'écrit par *ê*.

On écrit encore par *ê*, *alêne* (outil), *chêne* (arbre), *frêle*, *frêne*, *guêpe*, *même*, *pêne* d'une serrure, *rêne* (courroie), *rêver*, et autres mots compris dans la règle 51.

RÈGLE 55. *Le drôle rôde autour de nous pour nous enjôler.*

Le son *o* long s'écrit par *ô* dans *aumône*, *chômer*, *contrôle*, *drôle*, *enjôler*, *môle*, *pentecôte*, *pôle*, *prône*, *rôder*, *rôle*, *symptôme*, *tôle*, *trône*, et autres mots qui rentrent dans la règle 51.

Il s'écrit par *ôt* dans *dépôt*, *entrepôt*, *impôt*, *prévôt*, *rôt*, *suppôt*, *tôt*.

RÈGLE 56. *La bûche brûle.*

Le son *u* long s'écrit par *û* dans *affûter*, *brûler*, *bûche*, *crû* (de *croître*), *dû* (participe), *flûte*, *mûr* (adjectif), *piqûre*, *sûr* (adjectif).

RÈGLE 57. *On jeûne dans le cloître.*

Les doubles voyelles qui prennent l'accent circonflexe sont :

1°. *Boîte* (*bois*), *cloître* (*claustral*), *croître* (*croissance*), *goître.*

2°. *Août*, *croûte* (*croustille*), *égout*, *goûter* (*déguster*), *moût* (vin nouveau), *soûler*, *voûte* (*voussure*).

3°. *Jeûne.*

4°. *Faîte* (*faste*), *maître* (*magister*), *paître* (*pasteur*), *traître.*

RÈGLE 58. *Moïse et Saül.*

Le tréma se met sur la seconde de deux voyelles qui, sans lui, se prononceraient ensemble.

—————

RÈGLES SUR LES ARTICULATIONS.

B.

RÈGLE 59. *Le rabat de l'abbé.*

Le *b* ne se double que dans *abbé*, *rabbin*, *sabbat*, et leurs dérivés.

C.

Voyez les lettres Q et S.

D.

RÈGLE 60. *Il s'adonne à l'addition.*

Le *d* ne se double que dans *addition*, *adducteur*, *reddition*, et leurs dérivés.

RÈGLE 61. *C'est un vieillard montagnard.*

Ar final ajoutée s'écrit par *ard*.

On écrit aussi de même *bézoard*, *boulevard*, *égard*, *foulard*, *homard*, *léopard*, *nard*, *traquenard*, et autres mots où le *d* est exigé par la dérivation, tels que *tard*, *lézard*, etc.

F.

RÈGLE 62. *Historiographe philosophe.*

Les mots en *afe* et en *ofe* s'écrivent par *ph*.

EXCEPTÉ :

1. *Agrafe, carafe, girafe, gaffe, parafe, pata-raffe, piaffe.*

2. *Étoffe*, *lof* (moitié du vaisseau en long).

RÈGLE 63. *Bouffon, suffisant.*

L'*f* se double généralement après l'*u*.

EXCEPTÉ :

1. Quand elle est finale des substantifs et des adjectifs masculins : *tuf*, *veuf*.

2. *Boursouflé, chaufour, emmitoufler, faufiler, gaufre, maroufle, moufle, mufle, naufrage, pantoufle, soufre* (minéral), *tartufe*.

RÈGLE 64. *L'homme d'affaires m'offre différents effets.*

Les mots commençant par *af*, *ef*, *of*, *dif*, doublent l'*f*.

EXCEPTÉ :

1. *Afin, afourager, Afrique, éfaufiler, éfourceau* (grosse voiture).

2. *Aphélie, aphonie, aphorisme, aphthes, diphthongue, éphémère, ophthalmie.*

RÈGLE 65. *Le physicien philosophe.*

Les principaux mots qui s'écrivent par *ph*, sont :

1°. *Phaéton, phalange, phare* (fanal), *phari-
sien, pharmacien, pharynx, phase, phénix,
phénomène, philanthrope, philosophie, phos-
phore, phrase, phthisie, physionomie, physique.*

2°. *Alphabet, amphibie* et autres substantifs en
amphi, amphore, anthropophage et autres mots
en *phage,* excepté *chauffage; aphorisme, apocryphe, blasphème, cacophonie* et autres mots
en *phonie; camphre, colophane, coryphée, dau-
phin, diaphane, diaphragme, éléphant, em-
phâse, éphore, épiphanie, euphémisme, hydro-
phobie, méphitisme, métamorphose, métaphore,
néophyte, néphrétique, orphelin, pamphlet, pro-
phète, saphir, séraphin, sophisme, sphère, sphinx,
trophée, typhus.*

3°. *Apocryphe, hiéroglyphe, logogriphe, triom-
phe.*

Ajoutez-y les dérivés et les mots qui se trou-
vent compris dans les règles 62 et 64.

G.

RÈGLE 66. *La pirogue vogue.*

L'articulation *g* finale s'écrit par *gue.*

EXCEPTÉ :

Joug, zigzag.

RÈGLE 67. *Le mal s'agrandit et s'aggrave.*

Le *g* ne se double que dans *agglomérer,
agglutiner, aggraver, suggérer.*

H.

RÈGLE 68. *Le* héros *, la harpe , je hais ,*
corde de harpe.

Une voyelle initiale est précédée de la lettre
h aspirée, quand on peut la faire précéder d'un
des mots *le*, *la*, *je*, *de*.

EXCEPTÉ :

Oui, *un*, comme dans *le oui et le non, le un et*
le deux.

RÈGLE 69. *La* guerre languit.

L'articulation *g* ne s'écrit par *gu*,

1°. Qu'avant *e* ou *i*.

2°. Que dans les verbes en *guer* : nous *fati-*
guons , je *fatiguais* , se *fatiguant* , etc.

Les substantifs et les adjectifs dérivés de ces
verbes ne prennent pas l'*u* : *navigation* , *navi-*
gable.

J.

RÈGLE 70. *Magistrat généreux.*

L'articulation *j* avant *e* ou *i* se rend par *g*.

EXCEPTÉ :

Je , *jeu* , *jeud* , *jeune* , *majesté* , *majeur* , *déjeûner*
jeûne , *jet* , *jeter* , *jeton* , *budjet* , *objet* , *sujet* , *sur* .

jet , trajet , abject , adjectif , conjecturer , in-jecter, objecter , Jésus , et les autres mots de la même famille.

Dans la plupart de ces mots le *j* est exigé par la dérivation : *majeure (majorité), jeu (jouer), jeune (jouvenceau).*

RÈGLE 71. *L'esturgeon et le goujon.*

Les mots terminées en *jon* s'écrivent par *geon.*

EXCEPTÉ :

Donjon , goujon.

K.

Voyez l'articulation C à la lettre Q.

L.

RÈGLE 72. *Le duel criminel , la nouvelle for-melle.*

Les substantifs et les adjectifs en *el* s'écrivent par *el*, s'ils sont masculins, et par *elle ,* s'ils sont féminins.

EXCEPTÉ :

Pour les substantifs masculins :

1. *Asphodèle , érysipèle , modèle , poêle , zèle, omphalocèle* et autres termes de chirurgie en *cèle.*

2. *Libelle*, *polichinelle*, *vermicelle*, *violon-celle.*

Pour les substantifs féminins :

Aile, *clientèle*, *tutèle* (on écrit aussi *tutelle*).

Pour les adjectifs :

1. *Fidèle*, *parallèle*, *isocèle.*

2. *Rebelle*, *granitelle* (marbre).

Plusieurs de ces exceptions rentrent dans la règle 2 : *zèle*, *zélé* ; *fidèle*, *fidélité* ; *tutèle*, *tutélaire*, etc.

RÈGLE 73. *Le travail de l'abeille.*

L'*l* mouillée finale s'écrit par *il* dans les substantifs masculins, et par *ille* dans les féminins.

EXCEPTÉ :

Drille, *quadrille*, *niquedouille*, *chevrefeuille*, *portefeuille.*

RÈGLE 74. *Le joaillier et le quincaillier.*

L'*l* mouillée ne se trouve entre deux *i* que dans *fourmillier* (animal), *groseillier*, *joaillier*, *mancenillier*, *marguillier*, *quincaillier*, *aiguillier*, et autres mots analogues exprimant une idée de contenance.

Il n'y a qu'un *l* dans *bandoulière*, *cordelière*, *courtilière*, *familière*, *fourmilière*, *palier* (repos d'escalier).

M.

RÈGLE 75. *L'intempérance nous emmène à la tombe.*

Avant *p*, *b*, *m*, la seconde lettre d'une voyelle nasale est une *m*.

EXCEPTÉ :

Bonbon, *embonpoint*, *néanmoins*, *nonpareille*, nous *tînmes*, nous *vînmes*.

RÈGLE 76. *On agit innocemment ou méchamment.*

Les adverbes en *aman* s'écrivent avec deux *m*, précédées d'un *e* ou d'un *a*, selon que l'adjectif d'où ils dérivent est en *ent* ou en *ant* (règle 26).

On écrit de même *sciemment*, *nuitamment*.

N.

RÈGLE 77. *Le bouton et la boutonnière.*

Les dérivés des mots en *on* doublent généralement l'*n*.

EXCEPTÉ :

Colonie, *félonie* et autres mots en *nie*; *bonifier*, *bonace* (calme en mer), *bonasse* (bon avec faiblesse), *canonique*, *canoniser*, *démoniaque*, *détonation*, *donation*, *gasconisme*, *japonais*,

*limonade, limoneux, limonier, millionième,
national* et autres mots en *al ; ogonière, pa-
tronage, pontonage, ramoner, saumoneau, so-
nate, sonore, timonier, tonique.*

———

P.

Voyez les règles 103 *à* 118, *pour le redoublement de cette lettre.*

———

Q.

RÈGLE 78. Écusson concave.

L'articulation *c* (*que*) avant *a, o, u*, se rend
par *c*.

EXCEPTÉ :

1. Par raison de dérivation, *aliquote, qualité,
quand, quant à, quantième, quantité, quiproquo, quoi* (pronom), *quolibet, quotidien, quo-
tité*, qui tiennent plus ou moins directement aux
mots *quel* et *que ; équarrir, quarante, quatre,
quart, quartaut, quartier*, mots de la famille
de *quatuor*, où l'on entend le *q* et l'*u ; anti-
quaire, liquoriste, piqûre, reliquaire, reli-
quat, turquoise*, qui dérivent de *antique, li-
queur, piquer, relique, Turquie.*

2. *Attaquable, critiquable, immanquable, re-
marquable, risquable ; choquant*, et autres adjectifs dérivés de verbes en *quer*. Excepté :
1° *clinquant, fabricant, suffocant, vacant ;*

2° *carquois, iroquois, laquais, narquois, quai, quasi;* 3° *anachorète, archange, archonte, bacchante, catéchumène, chaos* (confusion), *chœur de musique, chorus, écho, eucharistie;* 4° *alkali, jocko, kan, moka, schako, ukase.*

RÈGLE **79.** *Un lac magnifique de l'Afrique.*

L'articulation *c* (*que*) finale s'écrit par *c* dans les substantifs masculins, et par *que* dans les substantifs féminins et les adjectifs.

EXCEPTÉ :

Pour les substantifs masculins :

1. *Astérisque, cacique, calorique, calque, cantique, casque, catafalque, cirque, claque* (chapeau), *cloaque, colloque, cosaque, disque, émétique, eunuque, fraque, heiduque, kiosque, lentisque, lévitique, lexique, masque, monarque, obélisque, panégyrique, phoque, piquenique, plaque, portique, socque* (chaussure), *viatique, zodiaque.*
2. *Bifteck, brick, carrick.*
3. *Kalmouk, mamelouk, pachalik, wisk.*
4. *Coq.*
5. *Aspect, district, suspect.*
6. *Looch* ou *lock, varech.*
7. *Yacht.*

Pour les adjectifs :

Ammoniac, caduc, grec, pec (hareng), *public, sec, turc.*

Règle 80. *Quête requise.*

L'articulation *c* (*que*) avant un *e* et un *i* s'écrit par *qu*.

EXCEPTÉ :

1. *Archiépiscopal, brachial, ecchymose, orchestre, orchis* (plante).

2. *Ankilose, jockey, kermès, kilomètre, kiosque, kirielle, kyste, lichen, maki, nankin, pékin, wiski.*

Règle 81. *Je crains l'éclair.*

L'articulation *c* (*que*) avant une consonne s'écrit par *c*.

EXCEPTÉ :

1. *Anachronisme, chlore* (gaz), *choléra, Christ* et ses dérivés ; *chronique, chrysalide, cochléaria, chrysolite, drachme, technique.*
2. *Knout.*

R.

Voyez les règles 103 *à* 118, *pour le redoublement de cette lettre.*

Règle 82. Rhume catarrheux.

Les mots où l'articulation *r* s'écrit par *rh* sont : *arrhes* (gages), *catarrhe, diarrhée, myrrhe, pyrrhique, pyrrhonisme, rhétorique, rhinocéros, rhubarbe, rhumatisme, rhume, rhythme.*

S.

RÈGLE 83. *Celle présupposition est invraisem-*
blable.

L'articulation *s*, entre deux voyelles, ne s'écrit
par une seule *s* que dans *désuétude, entresol,
girasol, havresac, monosyllabe, parasol, po-
lysyllabe, préséance, présupposer, soubresaut,
tournesol, vraisemblable.*

RÈGLE 84. *Torse, tordu, réponse, répon-*
dre.

L'articulation *s* s'écrit par *s* si, dans un dérivé,
on trouve un *d* à la même place.

EXCEPTÉ :

Amorce, morceler (*mordre*), *enfoncer* (*fond*),
foncier (*fonds*), *prétention* (*prétendre*), *racine*
(*radicale*).

RÈGLE 85. *La princesse enchanteresse.*

Les substantifs et les adjectifs féminins en *esse*
s'écrivent par *esse*.

EXCEPTÉ :

Baisse, caisse, graisse corps gras), *laisse,
Grèce, nièce, pièce, vesce* (graine).

RÈGLE 86. *Finir, que je finisse; venir, que je vinsse.*

L'articulation *s*, accidentellement introduite dans la conjugaison, s'écrit par *ss*. Je dis accidentellement introduite dans la conjugaison, parce qu'elle n'est pas dans l'infinitif à la même place.

RÈGLE 87. *Un loup féroce, une louve féroce.*

Les adjectifs en *se* s'écrivent par *ce*, s'ils ont la même prononciation pour les deux genres.

EXCEPTÉ :

Lisse, métis.

RÈGLE 88. *Avare, avarice, acteur, actrice.*

Les substantif en *isse* s'écrivent par *ice*, si cette finale est ajoutée.

EXCEPTÉ :

Bâtisse, coulisse, jaunisse, pelisse, saucisse.

RÈGLE 89. *On annonce la naissance d'un prince.*

L'articulation *s* s'écrit par *c* après une *n* et avant *e* ou *i*.

EXCEPTÉ :

1. *Anse, danse, ganse, panse* (ventre), *transe, dense* (épais), *panser* (une plaie), *insecte, censeur, considérer, insidieux, ostensible, intrinsèque, insérer, ustensile, ainsi, insinuer.*

2. *Tension*, à cause de *tendre* (règle 85).

3. *Penser, pension*, et leurs composés, *dispenser, penser, récompenser*, etc., à cause de *peser*. C'est aussi par raison de famille que les mots suivants s'écrivent de même : *conseil* (*consulter*), *consentir* (*assentiment*), *conséquent* (*suivant*), *conserver* (*réserver*), *consister, insister* (*résister*), *ensemble* (*assembler*), *immense* (*mesure*), *insigne* (*désigner*), *insipide* (*sapide, saveur*), et sans doute quelques autres.

4. *Contentieux.*

5. *Essentiel, intention*, et autres mots en *iel* et en *ion*. Excepté : *circonstanciel, dissension, dimension, tension*, et autres mots de la règle 84.

RÈGLE 90. *La force s'accroît par l'exercice.*

L'articulation *s* s'écrit par *c* après un *r*.

EXCEPTÉ :

1. *Course, cursive, incursion, précurseur*, à cause de *cours ; hérisser, herse ; ourse, bourse, débourser, torse, entorse, verser, versifier, version*, et les composés, à cause d'*ours, débours, tors, vers ; Perse, persécuter, persienne*, à cause de *persan, poursuivre ; persévérer ; persister*, à cause de *résister ; dispersion*, à cause de *perdre ;*

2. *Martial, partial, insertion* et autres mots en *ion*, à moins que la dérivation n'exige une *s* comme *incursion, dispersion.*

Orthographe absolue. 3

3. *Arsenal, arsenic, persil, thyrse, morse* (vache marine), *immersion, submersion.*

RÈGLE 91. *Sacerdoce, sacerdotal ; force, forte.*

L'articulation *s* se rend par *c*, si dans un dérivé on trouve un *t* à la même place.

EXCEPTÉ :

Chanson (*chanter*), *compassion* (*compatir*), *discussion* (*discuter*), *diversion* (*divertir*), *ellipse* (*elliptique*), *mensonge* (*mentir*), *omission* (*omettre*), *ostensible* (*ostentation*), *perversion* (*pervertir*).

RÈGLE 92. *Nation, discrétion, notion, attribution.*

La finale *sion* après une voyelle s'écrit par *tion.*

EXCEPTÉ :

1. Les mots où la dérivation indique deux *s* : *confession* (*confesser*), *mission* (*missive*), *passion* (*passif*), *pression* (*presser*), et leurs composés *permission, compassion, impression*, etc.
2. *Discussion* et autres mots en *cussion ; jussion, scission, session.*
3. *Suspicion*, à cause de *suspecter.*

RÈGLE 93. *Affliction, conception.*

La finale *sion*, après les articulations *c* (*que*) ou *p*, s'écrit par *tion.*

ı. Quand la dérivation exige un *x* comme dans *flexion* (*flexible*) et ses composés ; *fluxion* (*flux*), *annexion* (*annexe*), *complexion* (*complexe*), *connexion* (*connexe*), *préfixion* (*préfix*).

2. *Succion*, à cause de *sucer*.

RÈGLE 94. *Minutie, ineptie.*

Les substantifs féminins en *sie* s'écrivent par *tie*.

ı. *Apoplexie*, *épilepsie*, et autres termes de chirurgie en *psie*.

2. *Cassie*, *chassie*, *pharmacie*, *superficie*, *vessie*.

On écrit encore par *t* : *balbutier*, *initier*, *propitiatoire*, *abbatial*, *nuptial*, *partial*, *partiel*, *captieux*, et d'autres mots dérivés de ceux qui sont compris dans les règles précédentes.

RÈGLE 95. *Science, disciple.*

Les principaux mots où l'articulation *s* est rendue par *sc* sont :

ı°. *Scélérat*, *sceller* (appuyer un sceau), *scène* de théâtre, *sceptique*, *sceptre*, *sciatique*; *science*, *scier*, *scille* (plante), *scintiller*, *scion* (rejeton), *scission*, et leurs dérivés, *sciemment*, *escient*, *conscience*, *sciure*, etc.

2° *Acquiescer, ascendant, ascension, ascéti-que, descendre, discerner, disciple, faisceau, fasciner, irascible, lascif, miscible, obscène, oscillation, oscitation* (bâillement), *piscine, ressusciter, s'immiscer, susceptible, susciter, vesce* (graine).

3° *Adolescence, réminiscence*, et autres mots en *essence, issence.*

RÈGLE 96. *Ce maçon travaille comme un forçat.*

L'articulation *s* se rend par *ç* avant *a, o, u*, dans les dérivés des mots où, à la même place, il y a un *t* ou un *c*, comme *façon* (*facture*), *forçat* (*forcer*), *poinçon* (*pointe*).

EXCEPTÉ :

1. *Chanson.*
2. *Hameçon*, et autres mots où cette articulation suit un *e* muet.
3. *Caparaçon, charançon, estramaçon, étan-çon, garçon, maçon, rançon.*

T.

RÈGLE 97. *Il pelote, il radote.*

Les verbes en *oter* ne doublent pas le *t*.

EXCEPTÉ :

1. *Botter, crotter*, et autres mots dérivés de sub-stantifs féminins en *otte*.

2. *Ballotter*, *barbotter*, *buvotter*, *emmaillotter*, *frisotter*, *frotter*, *garotter*, *gigotter*, *gobelotter*, *grelotter*, *marmotter*, *trotter*.

RÈGLE 98. *Assiette nette.*

Les substantifs et les adjectifs féminins en *ète* doublent le *t*.

EXCEPTÉ :

1. *Arbalète*, *comète*, *diète*, *planète*, en vertu de la règle 2 (*arbalétrier, cométaire, diétine, planétaire*).

2. *Épithète.*

3. *Complète, concrète, discrète, inquiète, replète, secrète,* en vertu de la règle 2.

4. *Défaite, extraite, retraite, traite,* et autres adjectifs en *traite.*

RÈGLE 99. *La gélinotte et la marmotte.*

Les substantifs féminins en *ote* doublent le *t.*

EXCEPTÉ :

1. *Anecdote, bergamote, capote, compote, cote,* (marque), *échalote, galiote, gargote, matelote, note, papillote, pelote, redingote, ribote, sapote.*

2. *Dot.*

RÈGLE 100. *Bibliothèque catholique.*

Les principaux mots où l'articulation *t* se rend par *th* sont :

1° *Thaumaturge, thé, théâtre, théisme, thème,*

théologie, *théorbe*, *théorie*, *théorique*, *thermes* (bains), *thermomètre*, *thésauriser*, *thèse*, *thlaspi* (plante vulgairement appelée *théraspic*), *thon* (poisson), et leurs dérivés ou composés *théière*, *athée*, *hypothèse*, etc.

2°. *Améthyste*, *anathème*, *antipathie* et autres mots en *pathie*; *apothéose*, *apothicaire*, *arithmétique*, *athlète*, *authentique*, *bibliothèque*, *cantharide*, *cathédrale*, *catholique*, *cothurne*, *diphthongue*, *enthousiasme*, *épithalame*, *épithète*, *éther*, *gothique*, *hypothèque*, *isthme*, *léthargie*, *litharge*, *lithographie*, *logarithme*, *mathématiques*, *méthode*, *misanthrope*, *mythologie*, *orthographe* et autres mots en *ortho*, excepté *ortolan*; *panthère*, *pathétique*, *posthume*, *rhythme*, *stathouder*, *térébenthine*, et leurs dérivés ou composés.

3°. *Absinthe*, *acanthe*, *aérolithe*, *hyacinthe*, *jacinthe*, *labyrinthe*, *menthe* (plante), *plinthe* (en menuiserie).

4°. *Bismuth*, *luth* (instrument), *spath* (pierre), *zénith*.

X.

RÈGLE 101. *Exempt d'exil.*

La double articulation *gz* se rend par *x*.

RÈGLE 102. *Cette taxe vexe.*

La double articulation *cs* se rend généralement par *x*.

EXCEPTÉ :

1. *Excepter, exciter* et autres mots commençant par *ccs* avant une voyelle, excepté *ecsarcome*.

2. Par raison de dérivation : *buccin* (*buccale*), *coccinelle* (*cochenille*), *succion* (*suc*), *vaccin* (*vache*).

3. *Accepter, occident, succinct*, et autres mots en *acs*, *ocs*, *sucs ;* excepté : *axe*, *axiome*, *oxide*, *oxycrat*, *oxygène*, *oxymel*.

4. *Coction, conviction* et autres mots en *ction ;* excepté : *annexion* (*annexe*), *complexion*, *connexion* (*connexe*), *crucifixion* (*crucifix*), *flexion* et ses composés, *fluxion* (*flux*), *préfixion* (*préfix*).

5. *Coccix, tocsin.*

6. *Coquecigrue.*

Z.

RÈGLE **103.** *Le zinc et le bronze.*

L'articulation z se rend par *z*.

EXCEPTÉ :

Alsacien, balsamine, Israélite, transiger.

RÈGLE **104.** *Rose épineuse.*

L'articulation *z* entre deux voyelles s'écrit par *s*.

EXCEPTÉ :

1. *Gazon* et autres mots où cette articulation est après la syllade *ga;* excepté *magasin.*

2. *Alezan, alèze, amazone, azerole, azote, azur, azyme, bazar, bézoard, bizarre, dizain, douze, épizootie, horizon, lazaret, lézard, luzerne, mazette, seize, suzerain, topaze, trapèze, treize, zizanie.*

3. *Lazzi.*

RÈGLES

SUR LE REDOUBLEMENT DES CONSONNES.

Pour le *B*, voyez règle 59 ; le *D*, 60 ; l'*F*, 63, 64, 65 ; le *G*, 67 ; l'*I*, 73 ; l'*M*, 76 ; l'*N*, 77 ; le *T*, 98 et 99.

RÈGLE 105. *Appeler, jeter, mener, atelier.*

On ne double pas la consonne après un *e* muet.

EXCEPTÉ :

Ressource, ressouvenir, et autres mots composés de la syllabe initiale *re,* où la prononciation exige deux *s*.

RÈGLE 106. *Ame, tome, pâle.*

On ne redouble pas la consonne après un son long.

EXCEPTÉ :

Flamme, barre, bigarrure, et quelques autres qui prennent deux *r*.

L'*s* s'y redouble par raison de prononciation.

RÈGLE 107. *L'huile coule.*

Après deux voyelles la consonne est rarement doublée.

EXCEPTÉ :

1. *Beurre, bourrache, bourras, bourre, bourreau, bourriche, bourrique, coiffe, courroie, courroux, fieffé, fourrer, fourrier, fourrière, fourrure, goutte, houppe, houppelande, leurre, lierre, nourrir, pierre,* je *pourrai, quitte,* et sans doute quelques autres.

2. *Bouffon* et autres mots de la règle 63.

3. *Miette, ruelle* et autres mots des règles 98 et 72.

RÈGLE 108. *Militaire honorable.*

Dans un mot qui n'est pas composé d'une particule initiale, comme le sont *apparaître, commode,* on ne double pas ordinairement la consonne qui se trouve entre deux sons semblables; la consonne suivante est souvent soumise à la même règle : ainsi l'on écrira *cabane, carafe, cravate,* etc.

EXCEPTÉ :

1. *Ballade, billion, courroux, million.*

2. *Bagarre, baratte, catarrhe, chamarrer, codicille, colosse, colonne, corolle, pataraffe, tintamarre, tranquillité* et sans doute quelques autres.

Plusieurs de ces mots doublent la consonne en vertu d'une des règles précédentes ou de la dérivation.

RÈGLE 109. *Jeter, je jette, appeler, j'appelle.*

Les verbes terminés à l'infinitif en *eler* et en *eter* doublent la consonne avant un *e* muet.

EXCEPTÉ :

Geler, je *gèle; harceler,* je *harcèle; modeler,* je *modèle; peler,* je *pèle.*

RÈGLE 110. **Corrompre, corroder.**

Les verbes en *cor* doublent l'*r* avant une voyelle ; leurs dérivés suivent la même règle.

On double aussi l'*r* dans *corrégidor, corrélation, corridor.*

RÈGLE 111. Accourir, apporter, arriver, attraper.

Les verbes commençant par *ac, ap, ar, at,* doublent la consonne.

EXCEPTÉ :

1. *Acoquiner, s'acagnarder.*

2. *Apaiser, apercevoir, apetisser, s'apitoyer, aplanir, aplatir, aposter, apostiller, apostropher, apurer* et d'autres analogues dérivés de substantifs.

3. *Atermoyer.*

On écrit *acquérir, acquiescer, acquitter.*

RÈGLE 112. Supplique, succursale.

Les mots en *sup* et en *suc* doublent la consonne.

EXCEPTÉ :

Superbe et autres mots en *super; sucre, supin, suprême.*

RÈGLE 113. Commerce immense.

Les mots commençant par *comme* et *imme*, doublent l'*m*.

EXCEPTÉ :

1. *Coma, comédien, comestible, comète, comices, comité, comique.*

2. *Hyménée, hymne, image, iman, imiter.*

Y.

RÈGLE **114**. *Le néophyte prosélyte* [1].

Les principaux mots où le son *i* est représenté par un *y* sont :

Acolyte, analyse, anonyme et autres mots en *nyme*; *apocalypse, apocryphe, azyme, cacochyme, chrysalide, chyle, cycle, cygne* (oiseau), *cylindre, cymaise, cynique, cyprès, cytise, dynastie, dysenterie, dithyrambe, embryon, encyclopédie, étymologie, gymnase, gypse, hyacinthe, hydre, hydropique* et autres mots en *hydro*; *hyène, hiéroglyphe, hygiène, hymen, hymne, hyperbole* et autres mots en *hyper*; *hysope, hypocrisie* et autres en *hypo*; *ichthyophage, idylle, kyrielle, lacrymal, lycanthrope, lycée, lynx, lyre* (instrument), *martyr, myope, myriamètre, myrrhe, myrte, mystère, mythologie néophyte, nymphe, oxycrat* et autres mots en *oxy*; *panégyrique, paralysie, physique, polygamie* et autres mots composés de *poly* (signifiant *plusieurs*); *porphyre, prosélyte, pygmée, pylore, pyramide, pyrite, pyrrhonisme, rhythme, satyre* (être fabuleux), *style, sycomore, syllabe, syllogisme, sylphe, symbole, symétrie, sympathie, symptôme, synagogue, syndic, synode, synonyme, synoptique, syntaxe, synthèse, syringa, système; thyrse, tympan, type, typhon, typographe, tyran* (cruel), *zéphyr* (vent doux).

[1] Cette liste appartient aux règles du son *i*.

TABLE.

Deuxième Partie, contenant des Exercices gradués sur toutes les parties de la Syntaxe, composés de phrases nombreuses et variées, extraites de nos meilleurs écrivains, et un questionnaire sur la grammaire : troisième édition ; 1 vol. *in*-12.

Cette deuxième Partie correspond au troisième et au quatrième livre de la Grammaire.

Corrigés des Exercices contenus dans les deux parties : deuxième édition ; 1 vol. *in*-12.

Géographie Élémentaire Descriptive, ou Leçons graduées de Géographie, ouvrage essentiellement méthodique, composé d'après un nouveau plan et divisé en deux Cours, par M. A. Boniface ; adopté par le Conseil Royal de l'Instruction Publique.

Premier Cours, contenant les notions générales de Cosmographie et de Géographie, terminé par deux tables, l'une analytique et l'autre alphabétique : troisième édition ; 1 vol. *in*-12, avec tableaux et cartes.

Deuxième Cours, contenant le développement et le complément du premier Cours, terminé par deux tables alphabétiques, avec la prononciation des mots géographiques difficiles : deuxième édition ; 1 fort vol. *in*-12, avec tableaux et carte.

Géographie descriptive de la France, précédée de notions générales sur la géographie, et suivie de notices biographiques et historiques ; 1 vol. *in*-12, avec carte.

Éléments de Cosmographie, précédés de notions d'histoire naturelle et de géographie physique, et suivis d'un questionnaire, par M. A. Boniface ; 1 vol. *in*-12, avec huit planches de figures.

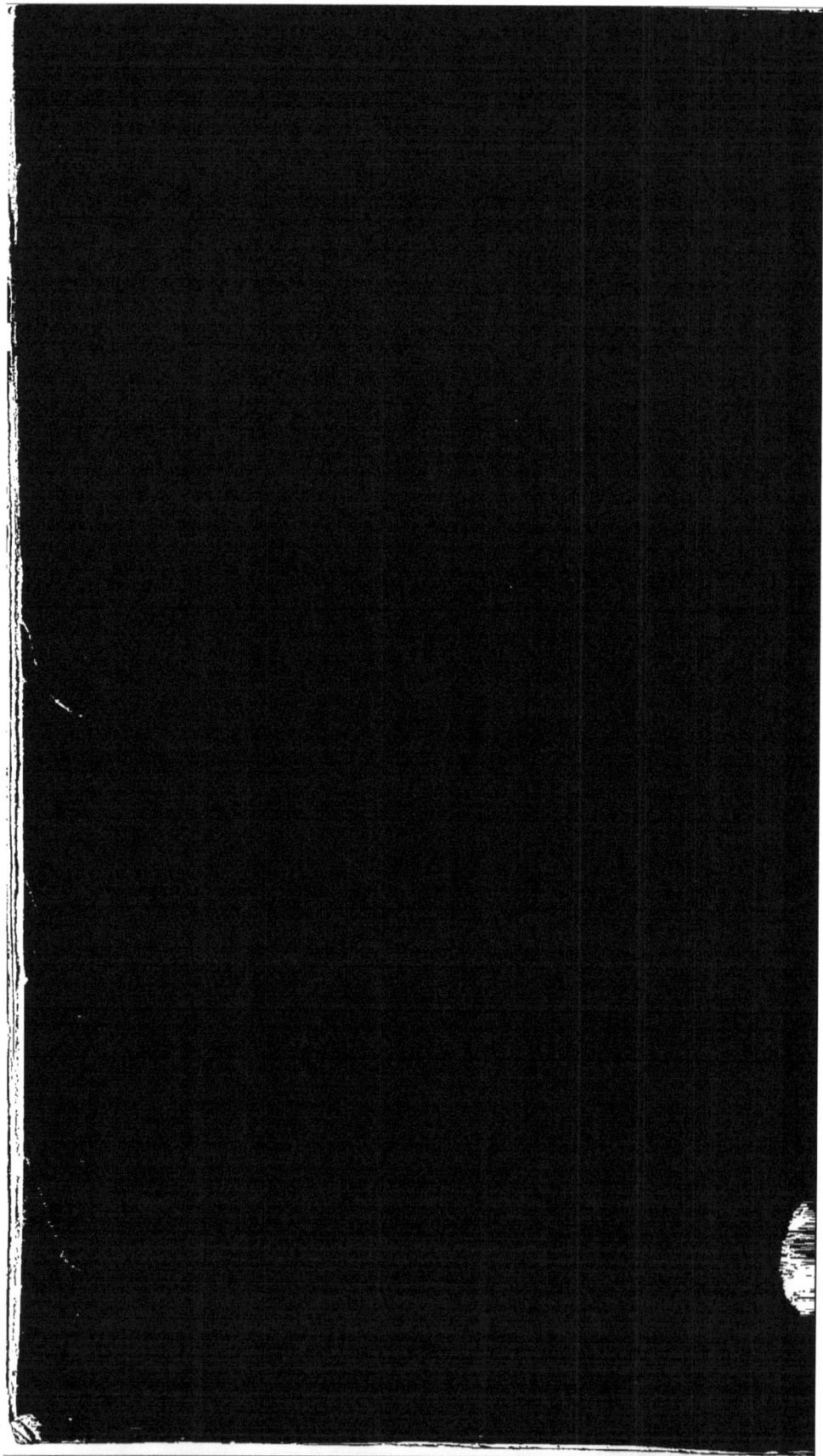

www.ingramcontent.com/pod-product-compliance
Lightning Source LLC
Chambersburg PA
CBHW070931280326
41934CB00009B/1825